▪ Moi, je sais pourquoi ! ▪

L'univers, la Terre et la nature

Les réponses à toutes tes questions !

CHANTECLER

L’UNIVERS

LA TERRE

LA NATURE

Quelle est la taille de l'univers ?

Si personne ne connaît la taille de l'univers, nous savons cependant qu'il existe des milliers d'étoiles. Comme elles sont très éloignées de nous, elles apparaissent dans le ciel sous la forme de points lumineux minuscules. En réalité, ce sont de gigantesques boules de gaz en fusion.
Les étoiles forment des groupes appelés galaxies, et la Terre appartient à celle de la Voie lactée.

Zoom sur la comète

Appelée étoile à queue par les Anciens, une comète est en fait une importante masse de glace et de poussière qui voyage dans l'espace. Quand elle s'approche du Soleil, une partie de la glace fond progressivement et se développe alors une longue queue lumineuse de gaz et de poussière. Chaque année, les astronomes découvrent ainsi de nouvelles comètes, chacune recevant un nom. La plus célèbre est la comète de Halley qui, tous les 76 ans, passe à proximité du Soleil. Visible depuis la Terre, son dernier passage remontant à 1986, elle devrait réapparaître en 2062. Savais-tu que la vision d'un tel astre dans le ciel déclenchait la panique chez nos ancêtres ? Ils redoutaient que cette étoile à queue s'écrase sur Terre. Une telle catastrophe ne s'est heureusement jamais produite !

Des milliards d'étoiles

Qu'est-ce qu'une étoile filante ?

Observer le ciel donne parfois l'impression trompeuse que les étoiles tombent en chute libre. Or ce sont seulement des débris qui voyagent dans l'espace. Attirés par la Terre, ils chutent à une vitesse tellement élevée qu'ils s'échauffent et deviennent brillants. Ainsi l'observateur aperçoit-il, depuis la Terre, des traînées lumineuses dans le ciel. Il s'agit d'une météorite dite « étoile filante ». Quand le débris est volumineux, il ne se consume pas entièrement. En cas de chute sur la Terre, il forme un trou appelé « cratère ».

Constellations

La Grande Ourse

La Petite Ourse

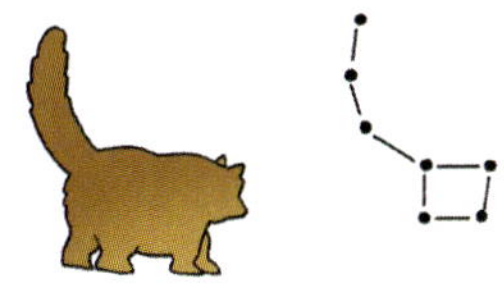

Orion

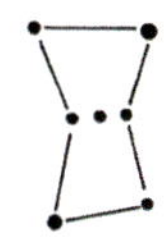

Les étoiles meurent-elles ?

Les étoiles n'ont pas la vie éternelle. Comme tous les êtres vivants, leur destinée est de naître, vieillir et mourir. Elles vivent néanmoins bien plus longtemps que nous.
Au moment où une étoile touche à la fin de sa vie, elle prend une coloration rouge. On l'appelle alors la « géante rouge ». Elle se rétrécit progressivement, jusqu'à former une « naine blanche », avant de s'éteindre. Certaines étoiles, à la fin de leur vie, explosent à la manière d'un gigantesque feu d'artifice. Parfois, elles sont réduites à un « trou noir ». Tous les objets célestes proches s'y engouffrent et ne peuvent en sortir, pas même la lumière. Il est impossible d'observer un trou noir, même en utilisant le plus puissant des télescopes.

Le savais-tu ?

Une constellation est un groupe d'étoiles représentant un objet, un animal ou une personne dans le ciel. Chacune a reçu un nom.

Le Soleil est-il une étoile ou une planète ?

Le Soleil fait partie des milliards d'étoiles que compte l'univers. Né il y a quelque cinq milliards d'années, il est arrivé à la moitié de sa vie. Les scientifiques estiment qu'il vivra dix milliards d'années.

Le Soleil se situe à environ 150 millions de kilomètres de la Terre. Imagine qu'une voiture qui se déplacerait à une vitesse de 90 kilomètres à l'heure mettrait presque deux cents ans pour parcourir cette distance. Tu comprendras ainsi ce qu'elle représente !

Le Soleil

Quelle est la température du Soleil ?

Si le Soleil est une étoile relativement petite, il joue un rôle très important pour le principe de toute vie sur la Terre. Il nous fait ainsi bénéficier de sa chaleur et de sa lumière. À la surface du Soleil, la température est de l'ordre de 6 000 degrés. La chaleur dégagée est si intense qu'elle parvient à réchauffer la Terre. Cette boule de feu émet aussi de la lumière, et davantage encore, du fait de sa puissance, que toutes les lampes et les lumières réunies sur Terre. Il est absolument interdit de regarder le Soleil sans se protéger les yeux.

Qu'est-ce qu'une éclipse solaire ?

Tous les corps célestes sont en mouvement dans l'espace : ainsi en va-t-il du Soleil, des planètes, de la Lune… Durant la journée, il est possible, en général, d'observer le Soleil depuis la Terre. Il arrive cependant que la Lune vienne se glisser entre ces deux-là. La majeure partie de la Terre est alors plongée dans la nuit. Quand l'éclipse a lieu en été, la température baisse de manière perceptible sur notre globe terrestre. Heureusement, ce phénomène ne dure jamais plus de sept minutes.

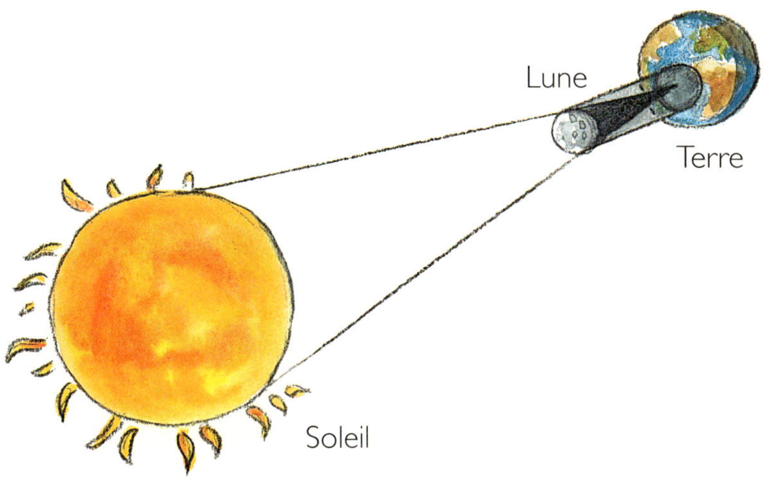

Pourrions-nous vivre sans le Soleil ?

Imagine un instant que le Soleil disparaisse. Nous vivrions dans l'obscurité la plus totale, car toutes les autres étoiles sont trop éloignées de la Terre pour l'éclairer. De plus, il ferait horriblement froid. Sans la lumière et la chaleur du Soleil, tu comprends que la vie serait impossible ici-bas. Aucun animal et aucune plante ne pourraient ainsi survivre. Savais-tu que sur Vénus, plus proche du Soleil, la température pouvait atteindre 500 degrés, ce qui représente cinq fois plus que celle de l'eau bouillante ?

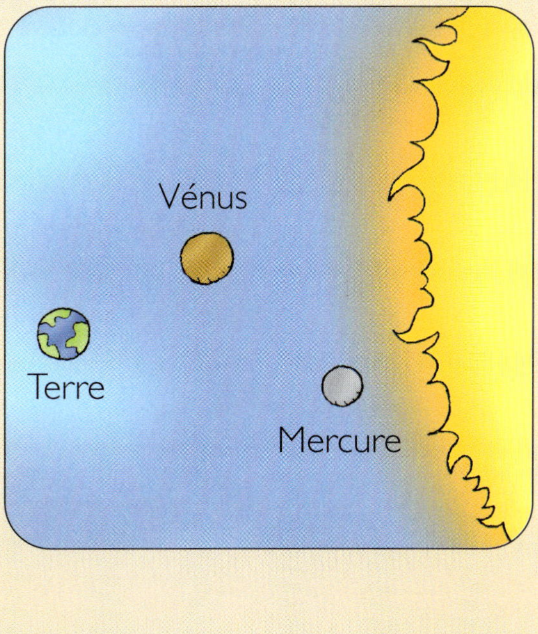

Toutes les planètes sont-elles identiques ?

Une planète est une boule relativement petite qui gravite autour d'une grande étoile lumineuse. Notre Terre est l'une des neuf planètes tournant autour du Soleil. Les planètes, contrairement aux étoiles, n'émettent pas de lumière. Nous pouvons les repérer parce qu'elles réfléchissent la lumière du Soleil. Toutes les planètes sont en fait différentes. Mercure, Vénus, la Terre et Mars sont les plus proches du Soleil. Leur surface est dure et rocailleuse. Jupiter, Saturne, Uranus ou Neptune, sont constituées de gaz et de liquides. Pluton est la dernière planète de notre système solaire : toute minuscule, elle n'a pas encore livré tous ses secrets.

Neuf planètes

La planète Mars est-elle habitée ?

Il y a plus d'un siècle, un astronome a étudié la planète Mars, au moyen de son télescope. Il y découvrit d'étranges lignes droites, qu'il assimila à des canaux. Sa conclusion fut que la planète Mars était habitée. Des années durant, les hommes tentèrent d'entrer en contact avec les Martiens. En 1956, une sonde spatiale photographia, pour la première fois, le sol martien. Ces photographies révélèrent un désert aride, recouvert de poussière et parsemé de rochers. En janvier 2004, on a déposé deux véhicules sur le sol martien. Ils ont apporté la preuve que de l'eau a bien séjourné sur Mars. Peut-être Mars a-t-elle un jour abrité la vie...

À quoi ressemble notre système solaire ?

Notre système solaire s'apparente à un immense carrousel où neuf planètes gravitent, à des vitesses différentes, autour du Soleil. Certaines possèdent des satellites (des lunes) ou des anneaux demeurant dans le voisinage de la planète autour de laquelle ils tournent. Des milliers de planétoïdes flottent aussi entre Mars et Jupiter. Ce sont de minuscules planètes dont le diamètre ne dépasse parfois pas quelques centaines de mètres. À l'image des grandes, elles gravitent autour du Soleil, tout en tournant également sur leur propre axe. Même les satellites (les lunes) et les anneaux tournent !

Il suffit, pour retenir le nom et l'ordre des planètes, de mémoriser la phrase suivante : mon vaisseau te mènera jeudi sur une nouvelle planète. En effet, la première lettre de chaque mot correspond à celle du nom des neuf planètes.

Pourquoi l'apparence de la Lune se modifie-t-elle ?

Si la Lune, à l'égal de la Terre, est un corps céleste solide, elle est pourtant quatre fois plus petite qu'elle. Elle tourne autour de notre globe terrestre en 28 jours. La Lune n'émet pas de lumière, mais elle réfléchit celle du Soleil. Son aspect n'est pas toujours identique. Ces différents aspects de la Lune s'appellent les phases lunaires. Durant la pleine lune (5), nous apercevons la totalité du disque lunaire. À la nouvelle lune (1), le disque est invisible. Quand tu aperçois seulement un croissant dans le ciel, il s'agit en fait du premier (2) ou du dernier quartier (8).

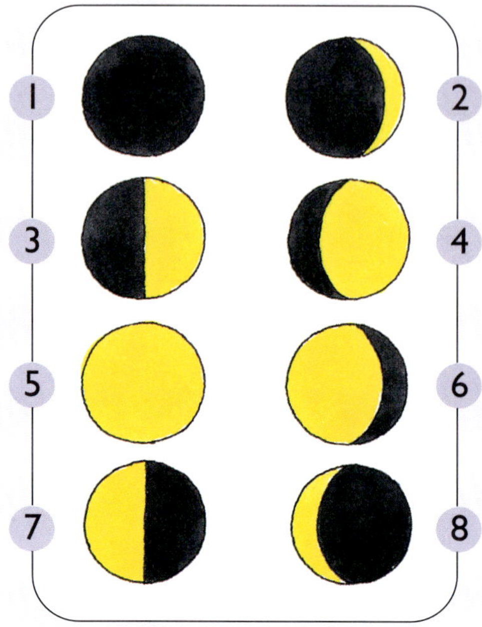

La Lune

Y a-t-il de l'air sur la Lune ?

Tout est différent sur notre satellite, du fait que l'air en est absent. Pour respirer, les astronautes doivent ainsi emporter avec eux des réserves d'oxygène. Sur la Lune, le poids d'un être est six fois plus faible que sur la Terre.

Toutes les planètes ont-elles une lune ?

Si Mercure et Vénus en sont dépourvues, les autres planètes ont un ou plusieurs satellites. Alors que Mars possède deux lunes, Phobos et Deimos, Saturne en a plus de vingt.

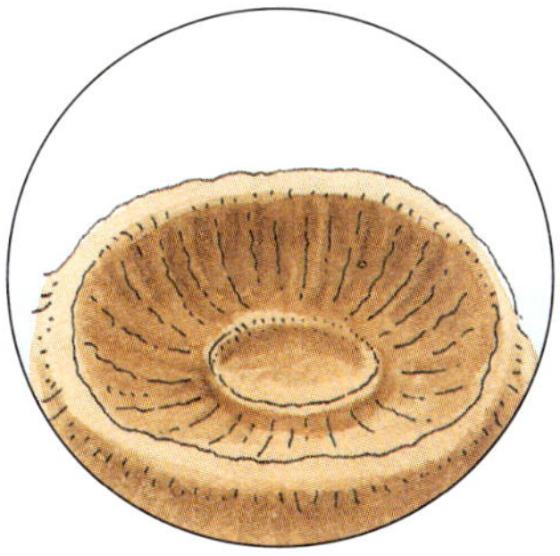

Y a-t-il des mers sur la Lune ?

La surface lunaire présente de nombreux cratères, quelques chaînes de montagnes et de vastes plaines. Autrefois, on prenait ces dernières pour des mers. À présent, on sait que l'eau est inexistante sur la Lune.

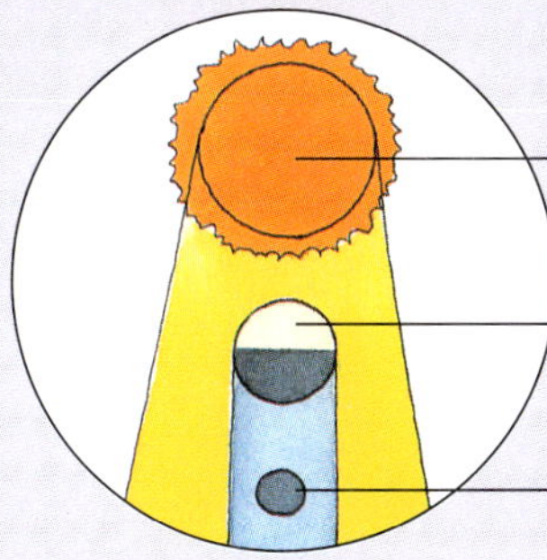

Qu'est-ce qu'une éclipse lunaire ?

Au moment où la Terre se situe entre la Lune et le Soleil, elle projette son ombre sur la Lune. Celle-ci semble alors disparaître dans les profondeurs de la nuit. Une éclipse lunaire ne se prolonge jamais au-delà d'une heure et demie.

L'homme a-t-il déjà marché sur la Lune ?

Jusqu'à présent, douze personnes ont foulé le sol lunaire. L'Américain Neil Armstrong fut le premier à marcher sur la Lune, le 21 juillet 1969. Il prononça ces paroles historiques : « C'est un petit pas pour l'homme, mais un grand bond pour l'humanité. » Il planta, avec son collègue Aldrin, le drapeau américain sur la surface de la Lune. Ensuite, ils explorèrent tous les deux les environs de leur vaisseau spatial, ramassèrent des pierres lunaires qu'ils ramenèrent sur la Terre. Ils disposaient de nombreux appareils de mesure, pour explorer la Lune. Enfin ils entamèrent leur voyage de retour vers notre globe terrestre.

Qu'est-ce que la conquête spatiale ?

Les scientifiques utilisent, pour leurs découvertes, différents moyens. S'ils se servaient, par le passé, de grands télescopes, ils ont recours, à présent, à des vaisseaux spatiaux. Un satellite artificiel est ainsi un vaisseau spatial non habité qui tourne autour de la Terre selon une orbite, trajectoire courbe, déterminée. À bord du satellite se trouvent différents instruments de mesure. Ces satellites servent, par exemple, à transmettre des images télévisées ou des conversations téléphoniques, ou bien à prévoir la météo au moyen de photos des nuages. Une sonde spatiale transporte également des instruments de mesure. Si elle ne gravite pas autour de la Terre, elle effectue des voyages de longue distance vers d'autres planètes. Les stations spatiales accueillent des scientifiques pendant quelques semaines ; les missions peuvent parfois durer une année. La fonction d'une navette spatiale est d'assurer le transport des astronautes, des instruments d'observation et des satellites dans l'espace. Elle assure aussi l'aller-retour, entre les stations spatiales et la Terre. C'est à elle que revient également l'envoi de satellites dans l'espace. Enfin, elle effectue des vols de reconnaissance.

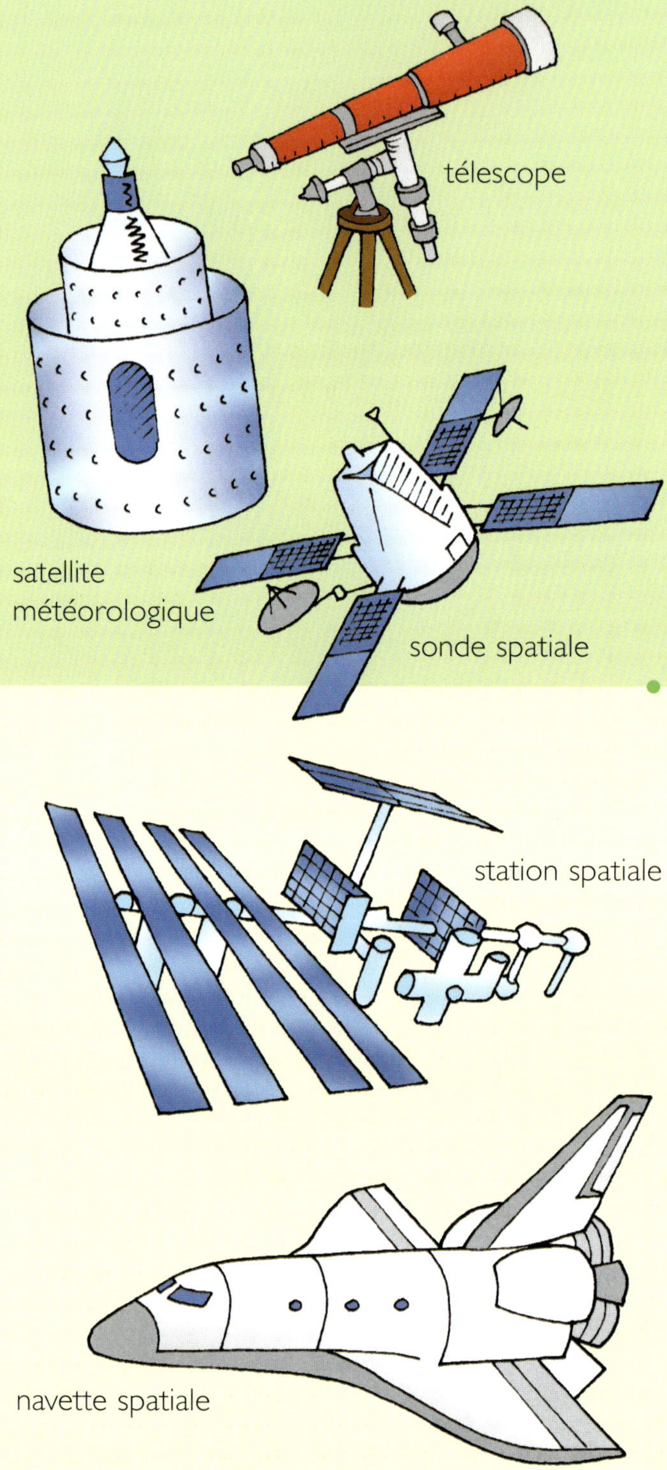

Qui fut le premier voyageur de l'espace ?

Les premiers voyageurs de l'espace étaient des animaux : ce furent des souris, des chiens et des singes. Ces premiers astronautes n'ont en fait pas survécu à ces expériences. Enfin, en 1957, la chienne soviétique Laïka revint de son aventure dans l'espace : on savait désormais que l'homme pourrait survivre à un tel voyage.
Youri Gagarine, cosmonaute, fut le premier être humain à effectuer un vol spatial en 1957. Son séjour dans l'espace dura 1 heure et 48 minutes.

La conquête spatiale

1957 : le premier satellite
1961 : le premier voyageur de l'espace
1965 : les premières photos de Mars
1969 : le premier homme sur la Lune
1971 : la première station spatiale
1981 : la première navette spatiale

L'exploration de l'espace

Combien pesons-nous dans l'espace ?

La notion de poids n'existe pas dans l'espace. Comme en apesanteur, cette donnée s'annule, les astronautes flottent. Dans l'espace, les concepts de haut et de bas n'existant pas, tous les objets qui ne peuvent pas flotter librement dans le vaisseau spatial doivent donc être attachés. Les astronautes rangent ainsi soigneusement les ciseaux et les couteaux. Durant les premières heures d'un vol spatial, de nombreux astronautes souffrent du mal de l'espace. Celui-ci se traduit par des nausées et des vertiges. Les visages enflent et les jambes maigrissent. Quant aux muscles, comme ils ne sont soumis à aucun effort, ils fondent. L'état d'apesanteur a aussi des avantages : il permet de fabriquer de nouveaux matériaux ainsi que des médicaments inédits.

Le savais-tu ?

Les astronautes, durant leur séjour dans l'espace, sont obligés de s'entraîner physiquement, afin de garder la forme.

Quelles couches constituent la Terre ?

Personne n'est jamais parvenu à descendre jusqu'au centre de la Terre. Toutefois, les scientifiques connaissent la composition de notre globe terrestre par l'étude des roches et grâce à d'autres recherches. Plus tu descends, plus la température augmente. La croûte terrestre se compose de différentes sortes de roches. Si l'écorce terrestre est plus épaisse sous les montagnes, c'est moins le cas sous les océans. Le manteau terrestre est également formé de roches qui, du fait de la chaleur ambiante, ont fondu et se sont liquéfiées. Au centre de la Terre, se situe le « noyau externe » de métal en fusion et le « noyau interne » de métal solide. Au cœur du noyau, la température est de 6 000 °C.

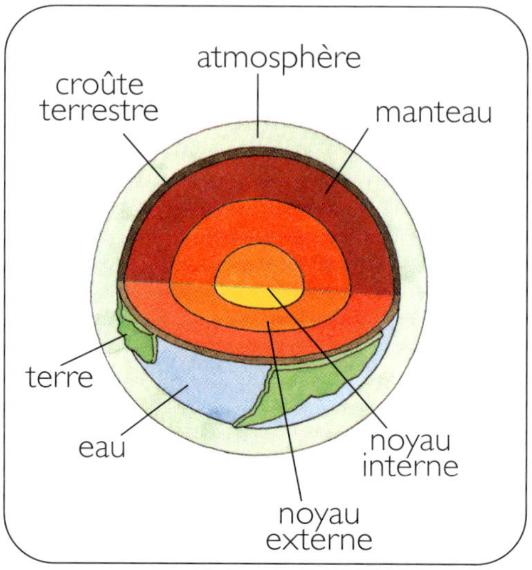

Au centre de la Terre

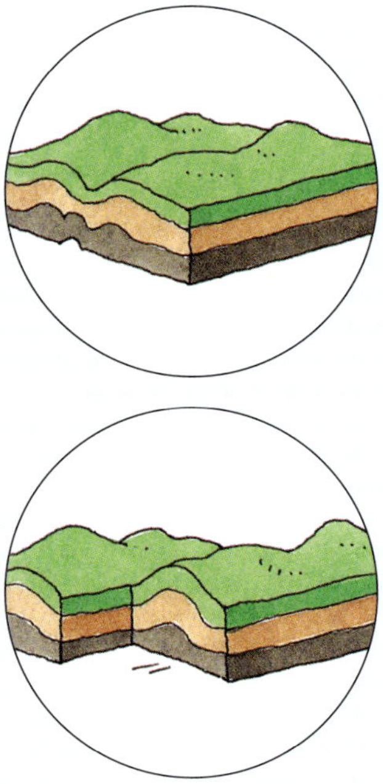

La croûte est-elle d'un seul bloc ?

La croûte terrestre est extrêmement fine. Si tu compares la Terre à une grosse pomme, l'écorce terrestre est aussi mince que la peau de ce fruit.
Cette croûte n'est pas constituée d'un seul bloc. Elle se compose en effet d'une douzaine de grandes plaques flottant sur le manteau de la Terre et s'emboîtant parfaitement, comme les pièces d'un puzzle. Elles sont constamment en mouvement. Certaines plaques, se rapprochant les unes des autres, finissent, à un moment donné, par entrer en collision ou bien par se chevaucher. D'autres s'écartent les unes des autres. Savais-tu que la distance entre l'Amérique et l'Europe augmentait chaque année de quatre centimètres ?

Pourquoi un volcan crache-t-il du feu ?

C'est à l'endroit où l'écorce est fissurée que les volcans apparaissent. Lorsque ceux-ci entrent en éruption, ils laissent échapper du magma et des gaz.
Le magma est une masse liquide de roches en fusion. Celui qui sort du cratère s'appelle la lave, qui est extrêmement chaude, et brûle tout sur son passage. Un volcan n'est pas toujours en éruption. Parfois il dort, parfois il est complètement éteint.

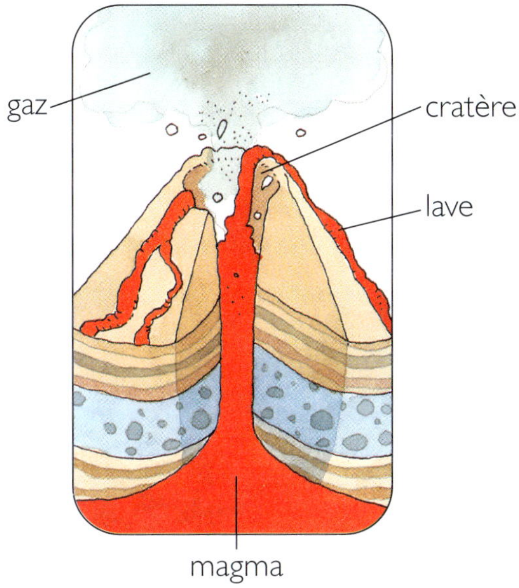

Pourquoi la Terre tremble-t-elle ?

À certains endroits de la Terre, les plaques de la croûte terrestre frottent les unes contre les autres. Il arrive aussi qu'elles entrent en collision, ce qui provoque des chocs. Lorsque cette activité est importante, la Terre tremble. Lors des secousses de forte magnitude, les immeubles à appartements s'effondrent et les maisons s'écroulent. Si cela se produit durant la nuit, les habitants, surpris dans leur sommeil, sont enfouis sous les décombres. La plupart de ces tremblements ne se produisent pas à la surface des continents, mais dans les océans. Ils déclenchent alors d'énormes raz-de-marée appelés tsunamis, provoquant des vagues hautes de plusieurs dizaines de mètres. Elles raient des villages entiers de la carte.

Qu'est-ce qu'une année bissextile ?

La Terre tourne autour du Soleil en un an, autrement dit en 365 jours. À vrai dire, le globe terrestre met un peu plus d'un an pour parcourir son orbite autour du Soleil. C'est pourquoi nous connaissons une année bissextile tous les quatre ans. Elle compte alors 366 jours au lieu de 365.
En cas d'année bissextile, le mois de février comprend un jour de plus. Si tu es né un 29 février, tu ne pourras malheureusement fêter le jour exact de ton anniversaire que tous les quatre ans.

L'année

Jour et nuit ont-ils la même durée ?

Ensemble, le jour et la nuit équivalent toujours à 24 heures.
Si le jour le plus long de l'année se situe aux environs du 21 juin, la nuit la plus longue tombe aux alentours du 21 décembre.

Certains pays fêtent-ils la Noël en été ?

On fête la Noël le 25 décembre. Sous nos latitudes, cette fête tombe toujours en hiver, mais dans l'hémisphère sud, en Australie et en Afrique du Sud, par exemple, la population locale fête la Noël sur la plage.

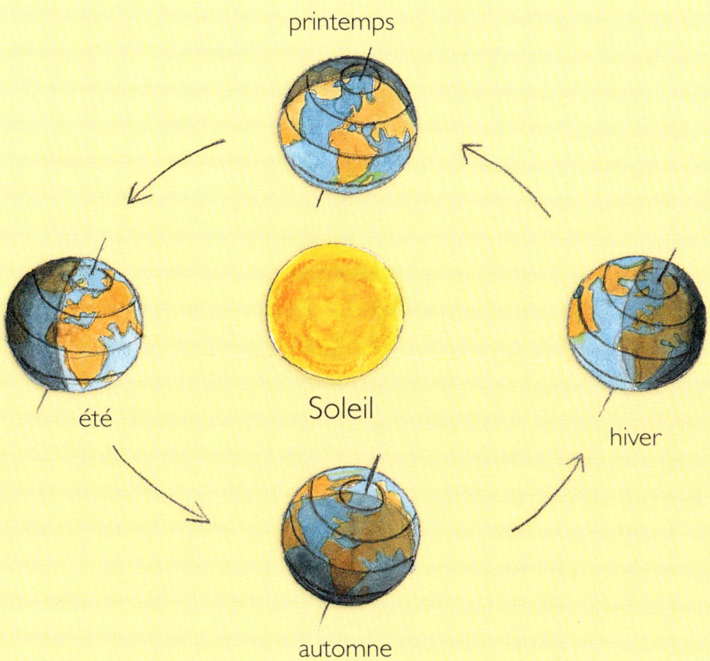

Pourquoi la température varie-t-elle ?

Le matin, le Soleil se lève à l'est et il se couche à l'ouest, le soir venu. Il décrit un grand arc dans le ciel.
Comme le Soleil et la Terre tournent, cet arc ne se situe pas toujours à la même hauteur. En été, vu que le Soleil est très haut dans le ciel, ses rayons sont perpendiculaires au sol : il fait chaud. En hiver, les rayons tombent à l'oblique sur la Terre : il fait donc nettement plus froid.

Le temps

Les **nuages** se composent de minuscules gouttelettes d'eau, étant constamment en mouvement. À chaque fois qu'elles se heurtent, elles grossissent et s'alourdissent : c'est ainsi qu'elles tombent, formant la pluie.

Le **vent** est invisible, cependant tu peux en percevoir les effets. C'est en fait une masse d'air qui se déplace, avec une force parfois considérable. Lorsqu'il souffle en tempête, le vent peut arracher les toitures des maisons et déraciner des arbres.

Quand le soleil brille durant une averse, un **arc-en-ciel** se dessine dans le ciel. L'observateur aperçoit alors un ou deux arcs de cercle multicolores. Si tu observes ce phénomène depuis un avion, tu n'apercevras pas un arc, mais un cercle complet.

Le **brouillard** est un nuage qui se forme au niveau du sol. Il apparaît quand l'air se refroidit rapidement, à ce niveau. Le brouillard est parfois tellement épais qu'il empêche toute visibilité. Il peut rendre très difficile la circulation routière…

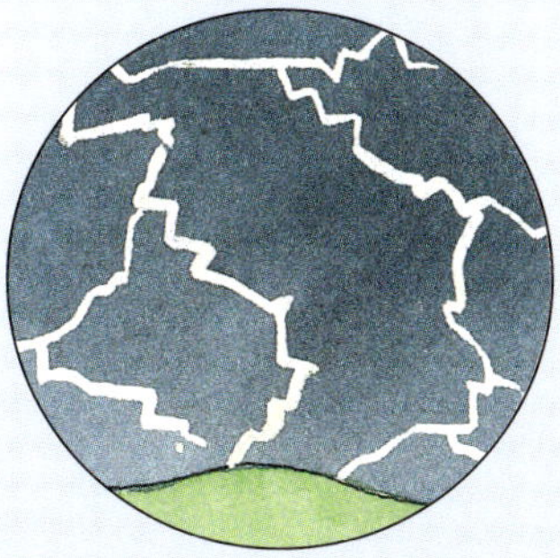

L'**orage** s'accompagne de coups de tonnerre et d'éclairs. Comme la lumière se propage plus rapidement que le bruit, tu aperçois l'éclair avant d'entendre le tonnerre. L'orage est imminent si le coup de tonnerre suit immédiatement cet éclair.

Un **flocon de neige** se forme à très haute altitude. Si tous les cristaux sont différents, ils offrent toujours la forme d'une étoile à six branches. Un flocon de neige mesurant quatre centimètres regroupe environ quatre mille cristaux de glace.

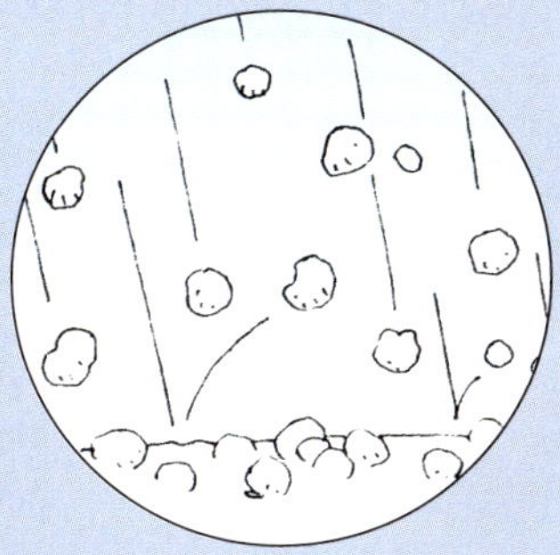

La **grêle** est constituée de gouttes de pluie gelées. À mesure qu'elles montent et descendent dans le nuage, elles grossissent et s'alourdissent, jusqu'à l'instant où elles retombent sur la terre. Leur taille peut atteindre celle d'une balle de tennis.

Une **tornade** est une turbulence qui se déplace très rapidement, dans un bruit assourdissant. Elle forme une sorte de trompe, appelée le tuba. Lorsque celui-ci touche le sol, il aspire tout ce qu'il rencontre sur son chemin, arbres compris.

D'où les fleuves proviennent-ils ?

De nombreux fleuves prennent leur cours dans les montagnes. Lors de la fonte des neiges, l'eau se met à former de petits ruisseaux, puis des torrents. Ces cours d'eau se rejoignent pour former un fleuve. Celui-ci serpente ensuite entre les montagnes, à la recherche des vallées et des plaines. Il se jette finalement dans la mer.

1. sommet enneigé
2. torrent de montagne
3. fleuve
4. amont
5. aval
6. affluent
7. embouchure
8. mer

Qu'est-ce qu'une cascade ?

Dans les régions montagneuses, l'eau des torrents ou des rivières rencontre de nombreux obstacles, comme des rochers abrupts. Quand l'eau se précipite par-dessus la paroi rocheuse, se forme une cascade. La plus haute du monde se trouve à Salto Angel, en Amérique du Sud. L'eau se jette d'une hauteur de 979 mètres, soit près d'un kilomètre. Les chutes du Niagara sont les cascades les plus célèbres du monde. Si leur hauteur n'atteint que 47 mètres, leur largeur est impressionnante.

Les fleuves les plus longs

Le Nil
(Afrique) 6 650 km

L'Amazone
(Amérique du Sud) 6 400 km

Le Yang-Tsé-Kiang
(Asie) 6 300 km

Le Mississippi
(Amérique du Nord) 5 970 km

La Volga
(Europe) 350 km

Les fleuves

Tous les fleuves sont-ils navigables ?

Non, ce n'est pas le cas. En montagne, par exemple, le débit de l'eau est trop rapide. S'il est possible d'y pratiquer le kayak, les gros navires ne peuvent pas circuler sur ces fleuves. À d'autres endroits, leur profondeur n'est pas suffisante pour permettre le passage de gros bateaux. Aux endroits où la rivière est navigable, sont souvent construits des ports, où les navires peuvent charger et décharger leurs marchandises. De nombreux bateaux empruntent également des canaux aménagés par l'homme. En règle générale, leur tracé est droit, afin que les bateliers ne soient pas obligés de trop manœuvrer. Un canal sert souvent à relier deux rivières ou deux fleuves.

Le savais-tu ?

L'Amazone reçoit l'eau de plus de cinq cents affluents. Le bassin de ce fleuve représente les deux tiers de toutes les eaux fluviales de la planète.

Quelle est la profondeur de l'océan ?

Lorsque tu regardes la mer, tu n'aperçois qu'une surface d'eau agitée par les vagues. Personne ne peut ainsi supposer que le paysage sous-marin est constitué de montagnes, de collines, de vallées et de plaines, semblables à celles s'observant sur la terre ferme. La profondeur des océans n'est donc pas constante. Les scientifiques ont calculé que cette donnée variait en moyenne, pour les mers et les océans, de trois à cinq kilomètres. Le point le plus profond est celui de la fosse des Mariannes, au large des Philippines. Sa profondeur équivaut à onze kilomètres.

Mers et océans

Pourquoi l'eau de mer est-elle salée ?

Les roches renferment toutes sortes de substances, même du sel que les fleuves emportent, en partie, vers la mer. L'eau des fleuves, quant à elle, contient peu de sel. On ne le goûte même pas. Il finit donc par s'accumuler dans la mer qui, jour après jour, devient un peu plus salée. Savais-tu que la Méditerranée contenait davantage de sel que la mer du Nord ?

Quelle est l'origine des vagues ?

Si tu souffles sur un récipient rempli d'eau, l'eau se met alors à onduler. Le vent agit exactement de la même manière avec la mer. Celle-ci, quand il ne vente pas, ressemble à un miroir. C'est la tempête qui est responsable des vagues hautes de plusieurs mètres déferlant sur la plage. La mer, quand la tempête fait rage, peut projeter des rochers à plusieurs dizaines de mètres de distance.
Comme ce phénomène peut provoquer des ravages, l'homme s'est protégé en construisant des brise-lames.

Pourquoi la plage varie-t-elle en largeur ?

La mer est perpétuellement en mouvement. Le niveau de l'eau monte ainsi deux fois par jour, à marée haute. Il redescend également autant de fois, à marée basse. Ces phénomènes sont appelés les marées, qui sont déclenchées par l'attraction de la Lune, tellement forte qu'elle agit sur l'eau des océans. En phase de pleine lune, le Soleil participant à cette attraction, la hausse et la baisse du niveau de la mer sont alors plus importantes.

Quel âge ont les montagnes ?

Ce sont les plissements de la croûte terrestre qui sont responsables de l'apparition des montagnes. Celles-ci ne se sont donc pas toutes constituées au même moment.
L'observation de leur forme aide à déterminer leur âge.
Les plus jeunes sont caractérisées par des sommets pointus, tandis que ceux des plus âgées sont arrondis, la roche s'usant, à cause de la pluie ou de la glace. Elle s'érode aussi sous l'action du vent, qui transporte des millions de particules de sable et de poussière. Cette érosion n'agit pas du jour au lendemain : elle poursuit en effet son œuvre, durant des millions d'années.

Les montagnes

Que sont un glacier et une avalanche ?

Le froid est tel, au sommet des montagnes, que la neige ne fond pas, durant de longs mois. Cette masse neigeuse compressée finit par former un gigantesque bloc de glace, appelé glacier. L'épaisseur de certains équivaut à cinq cents mètres. Ils sont si lourds que lentement, ils glissent vers le bas. Une avalanche se produit lorsqu'une grande quantité de neige se déplace de façon continue, contre les flancs de la montagne. Le passage d'un skieur suffit à la déclencher, voire même un bruit. La masse neigeuse dévale alors les pentes à une vitesse fulgurante pouvant atteindre 300 kilomètres à l'heure. Tout ce qu'elle rencontre sur son passage est englouti. De tels phénomènes font ainsi chaque année des victimes, parmi les skieurs.

Quelle est la plus haute montagne ?

Il s'agit de l'Everest qui, situé en Asie, dans l'Himalaya, culmine à une altitude de 8 848 mètres. Son sommet est recouvert de neiges éternelles jusqu'au cœur de l'été. Peu d'hommes ont réussi à conquérir la cime de l'Himalaya. Edmund Hillary et son guide furent en fait les premiers à réussir cet exploit. Ils avaient emporté avec eux des bouteilles d'oxygène afin de faciliter leur respiration à une telle altitude.

De quels éléments les plantes ont-elles besoin pour croître ?

Tu observeras peu de plantes dans les forêts obscures, parce que la lumière leur est nécessaire pour fabriquer leur propre nourriture. C'est elle en effet qui apporte aux plantes l'énergie permettant de transformer l'eau et le dioxyde de carbone en sucres. Ceux-ci sont alors transportés par la tige ou le tronc vers d'autres parties de la plante.
Aucune ne peut d'ailleurs vivre sans air ni eau. Respirer et boire sont une nécessité vitale, pour tous les êtres vivants.

Gros plan sur les plantes

Comment les plantes boivent-elles ?

Dans le sol, les racines des plantes prélèvent l'eau, qui est acheminée par les vaisseaux de la tige ou du tronc vers les autres parties de la plante. Savais-tu qu'un gros chêne buvait environ soixante seaux d'eau par jour ?

Y a-t-il des plantes parasites ?

Certaines plantes sont dépourvues des feuilles susceptibles de fabriquer leur nourriture. La cuscute enroule ses tiges rouges autour d'une autre plante. Elle prélève l'eau et les substances nutritives.

Quelle est la durée de vie d'une plante ?

Certaines plantes vivent un an, d'autres deux ans ou plus. La plus vieille du monde est un arbre appelé Mathusalem : ce conifère vit dans les montagnes d'Amérique du Nord. Il est âgé de presque cinq mille ans.

Une plante peut-elle se déplacer ?

Aucune plante n'est capable de se déplacer, bien que certaines poussent en direction de la lumière. Le lierre grimpe de façon à la capter au maximum. Le chèvrefeuille s'enroule autour des troncs des arbres.

Pourquoi l'ortie pique-t-elle ?

Si certaines plantes sont menacées par les animaux herbivores, toutes ne se laissent pas détruire sans réagir. Quelques-unes sont même équipées d'armes défensives. Le chardon, par exemple, se défend grâce à ses épines. Comme le bouton d'or se protège avec un poison, les vaches l'évitent quand elles broutent l'herbe. L'ortie dispose aussi d'une arme secrète, ses feuilles et ses tiges étant recouvertes de poils urticants contenant chacun un liquide toxique. Quand tu touches l'un deux, il se casse, diffusant ainsi son poison. Celui-ci, au contact de la peau, provoque des démangeaisons.

Toutes les plantes ont-elles des fleurs ?

Le nombre d'espèces végétales est estimé à un million environ, dans le monde. Toutefois, toutes les plantes ne portent pas de fleurs. Celles-ci sont indispensables à la formation de graines permettant à la plante de se reproduire.
Par ailleurs, les fleurs se différencient par leur taille, leur couleur et leur forme, ces dernières étant parfois difficiles à identifier. Les fleurs de nombreux arbres tels que le chêne, le hêtre, le saule sont ainsi discrètes, du fait de leur petitesse et de leur couleur terne. La façon dont les fleurs sont regroupées sur la plante s'appelle l'inflorescence. Si le coquelicot est une fleur simple, le pissenlit est composé de très nombreuses petites fleurs jaunes. Chez l'achillée, elles sont regroupées en un corymbe. Les fleurs de la digitale sont assemblées en grappes tandis que celles du châtaignier se présentent sous la forme de capitules. Hêtres et saules portent des chatons.

coquelicot
(fleur simple)

pissenlit
(fleur composée)

digitale
(grappe)

achillée
(corymbe)

châtaignier
(capitules)

hêtre
(chatons)

Les fleurs

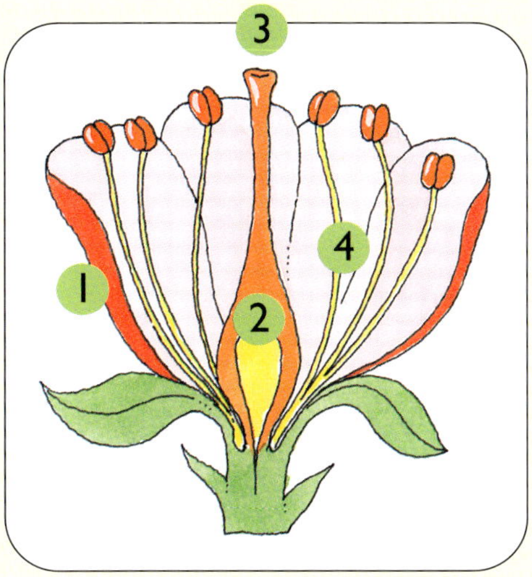

Quels sont les organes d'une fleur ?

Si les fleurs embellissent la plante, elles jouent un rôle plus capital : elles servent à former les graines. Chaque partie de la fleur y participe. Observons donc le coquelicot.
Les pétales rouges (1) protègent le cœur du coquelicot. Le cœur de la plante comprend le pistil (2) qui se termine par le stigmate (3). Ce pistil, entouré d'étamines (4) qu'achève l'anthère, sac à pollen, représente la partie femelle de la plante.

Couleur des fleurs

coquelicot

campanule

bouton d'or

marguerite

pensée

Pourquoi de jolies fleurs couvrent-elles les plantes ?

Il existe une multitude de couleurs de fleurs, souvent très agréables au regard. Cette beauté n'est pourtant pas le fruit du hasard, car les jolies couleurs servent à attirer les insectes. Sans eux, de nombreuses plantes ne pourraient former des graines. Certains insectes sont ainsi séduits par le rouge, d'autres par le bleu, le jaune ou le blanc. D'autres plantes recourent à une autre astuce pour attirer les insectes : elles diffusent un parfum enivrant. Les abeilles et les bourdons sont par exemple attirés par les odeurs douces et sucrées. Néanmoins, d'autres insectes ne se préoccupent pas spécialement des parfums. Certaines mouches sont séduites par des émanations de viande pourrissante.

Le savais-tu ?

Les abeilles transforment le nectar en miel. Elles doivent visiter vingt millions de fleurs de trèfle pour en fabriquer un kilo.

Comment les insectes viennent-ils en aide aux fleurs ?

Les fleurs sont des restaurants qui attirent de nombreux insectes, à cause du nectar, liquide sucré. Celui-ci se situe au cœur de la fleur. Quand l'insecte pénètre cette dernière pour s'en régaler, son corps entre en contact avec le pollen jaune. L'insecte s'envole après dégustation et, sur une autre fleur, va déposer une partie du pollen. Au moment où celui-ci communique avec le stigmate, la fleur peut commencer à fabriquer des graines. La pollinisation a alors eu lieu.

Les fleurs

Toutes les fleurs ont-elles besoin des insectes ?

Dans nos régions tempérées, la plupart des fleurs nécessitent l'aide des insectes. Dans les régions tropicales, là où les fleurs présentent en général de très grandes dimensions, les oiseaux et les chauves-souris prennent aussi part à la pollinisation. Les colibris sont d'excellents pollinisateurs : ils utilisent leur long bec recourbé pour le plonger au cœur de la fleur. Certaines fleurs sont anémophiles, c'est-à-dire qu'elles confient la pollinisation au vent. La plupart des arbres possèdent ainsi de telles fleurs. Le bouleau et le noisetier, par exemple, produisent une quantité considérable de pollen que le vent transporte, d'un arbre à l'autre.

Les plantes ont-elles une horloge ?

C'est le cas : les plantes disposent en effet d'une horloge biologique. Elles savent à quel moment ouvrir et fermer leurs fleurs. Certaines plantes respectent d'ailleurs un horaire très précis. Par exemple, le nénuphar ouvre sa fleur le matin entre sept et huit heures et la referme entre quatre et cinq heures de l'après-midi. Le bouton d'or reste ouvert plus longtemps, de six heures du matin à huit heures du soir. Grâce à leur horloge biologique, les plantes savent quand débute le printemps et quand l'hiver pointe le bout de son nez.

Quelle est la plus grande fleur du monde ?

Dans nos régions, c'est le tournesol qui atteint le record de la fleur la plus grande, sa longue tige robuste se terminant par une grosse fleur. Dans d'autres endroits du monde, il existe cependant des fleurs de bien plus grande dimension. Le record absolu est détenu par le rafflesia, qui est rarissime, et ne se rencontre que dans quelques forêts d'Asie. Le rafflesia peut atteindre un diamètre d'un mètre et peser jusqu'à 10 kilos. Les cinq pétales de la fleur ont l'épaisseur d'un doigt et le cœur est profond de cinquante centimètres.
S'il lui faut neuf mois pour atteindre sa taille de géante, elle ne fleurit que durant quatre jours. Elle répand une odeur de viande pourrie nauséabonde par laquelle elle attire les mouches.

Comment naît une plante ?

De nombreuses plantes se développent à partir de graines, la plus minuscule contenant tout ce qui est nécessaire pour en former une nouvelle. Cette graine doit absolument rencontrer un endroit favorable où elle pourra s'enraciner. Si elle tombe sur une route ou sur une toiture, elle ne pourra donner naissance à une nouvelle plante. Une terre fertile lui est donc indispensable. En période de hausse des températures, après l'hiver, la graine commence à germer : elle forme alors des racines et une première petite feuille. Puis les autres feuilles apparaissent, avant que les fleurs surgissent.

Fruits et graines

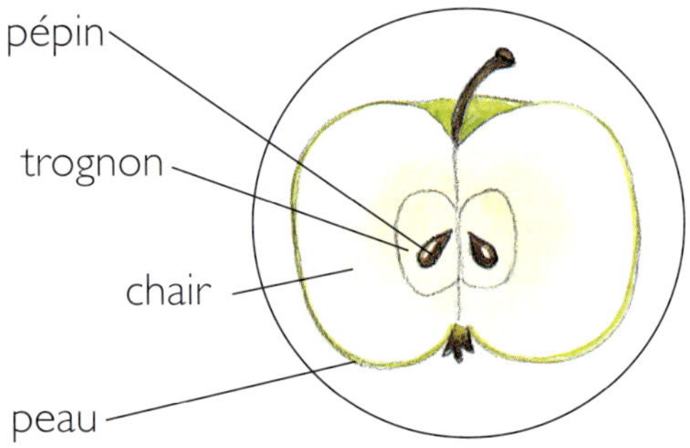

Comment la graine est-elle protégée ?

Les graines fragiles sont protégées par une enveloppe dure. Chez la pomme, les pépins sont au centre du fruit.

Pouvons-nous consommer les graines ?

Nous en consommons tous les jours. Les céréales entrant dans la préparation du pain et des pâtes sont ainsi des graines.

Comment se propagent les graines ?

1. Le vent emporte la graine du pissenlit.
2. L'eau transporte les graines du lys jaune.
3. Les graines du genêt sont protégées par une gousse.
4. La grive mange des baies et propage les graines lorsqu'elle fait ses besoins.
5. Les graines de la bardane sont équipées de crochets.
6. L'écureuil cache des graines dans le sol.

Certaines graines sont pourvues d'une sorte de parachute que le vent peut transporter. D'autres sont protégées par une gousse ou une capsule qui éclate en projetant les graines. Certaines plantes les cachent dans un fruit, comptant sur les animaux pour en assurer la dispersion. Au moment où l'animal fait ses besoins, il disperse les graines des fruits. D'autres, enfin, sont munies de crochets au moyen desquels elles s'accrochent au pelage des animaux.

Le **nénuphar** est une grande fleur qui flotte sur l'eau. Les racines de la plante sont fixées dans la vase. Les feuilles flottent parce qu'elles contiennent des bouées d'air.

Le **perce-neige** est l'une des rares plantes à fleurir en hiver. Comme son nom l'indique, elle fleurit aussi quand il neige.

Connaître les plantes

Le **gui** se développe sur les branches de nombreux arbres. Les oiseaux adorent ses baies qui adhèrent à leur bec, vu qu'elles sont très visqueuses. C'est pourquoi, dans certaines régions, il est appelé glu.

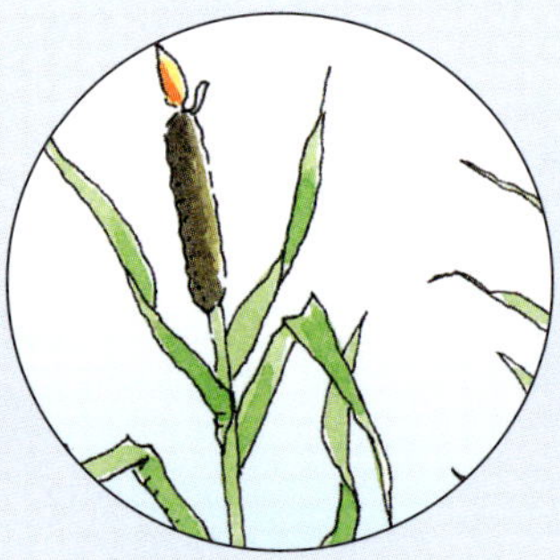

La **massette** se reconnaît à ses longs « cigares » remplis de graines plumeuses qui, transportées par le vent, servaient autrefois à rembourrer les coussins.

La **douce-amère** présente de superbes fleurs et baies qu'il faut éviter de toucher. C'est en effet une plante très toxique. Savais-tu que cette plante appartenait à la famille de la pomme de terre et de la tomate ?

Les graines de l'**épilobe à épis** se situent dans des capsules allongées, qui éclatent quand ces graines sont mûres. Chaque plante en produit des centaines de milliers qui sont plumeuses et transportées par le vent.

Le **drosera** est une plante carnivore. L'insecte qui s'y pose se fait piéger par les feuilles qui se referment sur lui, l'empêchant ainsi de s'échapper. Il est alors digéré par la plante.

L'**ophrys abeille** est une plante rare, qui appartient à la même famille que l'orchidée. La fleur répand une odeur similaire à celle de l'abeille femelle à qui elle ressemble. De cette façon, elle attire les mâles.

tilleul

Comment reconnaît-on un arbre ?

Un arbre présente un seul tronc et une couronne de branches. Un arbuste, s'il est dépourvu de tronc, se distingue par plusieurs branches robustes qui sortent du sol. Il est possible d'identifier les arbres par l'observation de leurs feuilles. Celles-ci existent en fait dans toutes les formes et toutes les tailles : elles sont allongées, rondes, ovales ou encore en forme de cœur.

chêne

hêtre

marronnier

bouleau

saule

érable

Quelle est la fonction de l'écorce ?

Les arbres sont des êtres vivants, qui poussent et se développent. Leur tronc et leurs branches grossissent en effet chaque année. L'écorce protégeant le bois et l'empêchant de se dessécher, forme également une couche qui préserve des ravages des rongeurs. Si un lapin ronge le tronc sur toute sa circonférence, l'arbre meurt. C'est pourquoi le pied des jeunes arbres est souvent protégé.

Hauteur des arbres

sapin argenté
60 mètres

chêne, hêtre
50 mètres

tilleul, frêne
40 mètres

bouleau, pin
30 mètres

marronnier
25 mètres

Les géants de la forêt

Pourquoi certains arbres perdent-ils leurs feuilles en automne ?

Les arbres feuillus sont caractérisés par des feuilles minces qui, si elles ne reçoivent pas assez d'eau, se dessèchent et tombent. Elles accueillent l'eau prélevée dans le sol par les racines. En hiver, durant les périodes de grand froid, les racines n'aspirent plus d'eau. Comme les arbres savent que l'hiver approche, presque tous les feuillus perdent leurs feuilles en automne. Cela aide les racines à prélever moins d'eau dans le sol, celle-là n'étant plus destinée qu'au tronc et aux branches, même si leur bois contient déjà des réserves d'eau. Les arbres feuillus revivent néanmoins dès que la température se radoucit, pour former de nouvelles feuilles.

Le savais-tu ?

L'arbre le plus haut du monde est un séquoia, qui se trouve en Californie et culmine à plus de 110 mètres.

Comment expliquer les superbes couleurs des feuilles en automne ?

En automne, les arbres feuillus veulent se débarrasser de leurs feuilles, afin de préparer l'hiver. Il se forme une petite couche de séparation en liège, entre la branche et la tige de la feuille, celle-ci ne pouvant dès lors plus être irriguée par la sève. Ce manque d'eau détruit la chlorophylle, qui est le pigment vert des feuilles. Toutefois d'autres pigments, tels que le rouge et le jaune, remontent à la surface, habillant les feuilles de leurs splendides teintes automnales.

Les géants de la forêt

Que sont les cernes annuels ?

Chaque année, le tronc produit une nouvelle couche de bois. Formé au printemps, ce bois est clair, tandis qu'en automne, il est plus foncé. Si tu observes un tronc d'arbre, tu peux aisément repérer cette succession de « cernes annuels », clairs et foncés.
C'est en comptant les cernes foncés que tu connaîtras le nombre d'automnes vécus par l'arbre. Tu seras aussi informé de l'âge de l'arbre au moment où il a été abattu.

Les conifères sont-ils toujours verts ?

Chez les conifères, les feuilles présentent la forme d'une aiguille. Celles-ci sont courtes chez le sapin, tandis que celles du pin sont longues. Grâce à ses aiguilles épaisses et solides, l'arbre peut se passer d'eau durant tout l'hiver. Les conifères ne perdent pas leurs feuilles seulement en automne, mais durant toute l'année. Les forêts qui les abritent sont donc toujours vertes. La seule exception est le mélèze, ses aiguilles jaunissant en automne, avant de tomber en hiver.

pin sapin

Qu'est-ce qu'un cône ?

Tu peux comparer le cône d'un conifère au fruit d'un arbre feuillu. Sous ses épaisses écailles, ce cône protège ses précieuses graines. Quand celles-ci sont mûres, les écailles s'ouvrent, chacune abritant une graine dotée d'une aile. Grâce à elle, cette graine pourra s'envoler, soulevée par le vent, à des kilomètres de distance. Il faut savoir que le cône ne s'ouvre que par temps sec et qu'il reste fermé en cas d'humidité.

Quels arbres y a-t-il dans la forêt ?

Il existe plusieurs sortes de forêts. Tu ne rencontreras que des sapins ou des pins dans celles où vivent des conifères. Tu observeras, dans celles qui abritent des feuillus, uniquement des arbres perdant leurs feuilles en automne : une forêt de hêtres s'appelle une hêtraie, une forêt de chênes est une chênaie. Les plus intéressantes sont les forêts mixtes, où tu peux apercevoir toutes sortes d'arbres, d'arbustes et de plantes. Elles sont un véritable paradis, pour de nombreux animaux. Le choix de nourriture y est considérable : ces animaux trouvent des racines, des feuilles de différents arbres et arbustes, des noix et des baies.

Dans la forêt

Y a-t-il des fleurs dans la forêt ?

Tu trouveras rarement des fleurs en forêt. Les feuilles des arbres retiennent la lumière solaire, de sorte que le sol reste toujours à l'ombre. Or, les fleurs ont besoin de soleil. La seule période à laquelle tu en rencontreras dans la forêt est le début du printemps, quand les arbres sont dépourvus de feuilles. La primevère jaune, la jacinthe d'Orient bleue et la blanche anémone des bois peuvent alors profiter pleinement des premiers rayons du soleil. Dès que les arbres se couvrent de feuilles, la forêt devient plus sombre. Les fleurs forestières cessent alors de fleurir. Les seuls endroits de la forêt où tu en rencontreras encore sont les clairières.

Combien d'étages compte la forêt ?

La forêt compte plusieurs étages, à l'égal d'un immeuble à appartements. Ce sont les strates. L'étage le plus élevé est la strate arborescente, celle des grands arbres. Vient ensuite la strate arbustive où poussent des arbustes tels que le rhododendron et le merisier. À hauteur de la strate herbacée, tu découvriras des fougères, des mousses et des champignons. L'étage le plus bas est la strate muscinale située au niveau du sol et des racines des arbres.

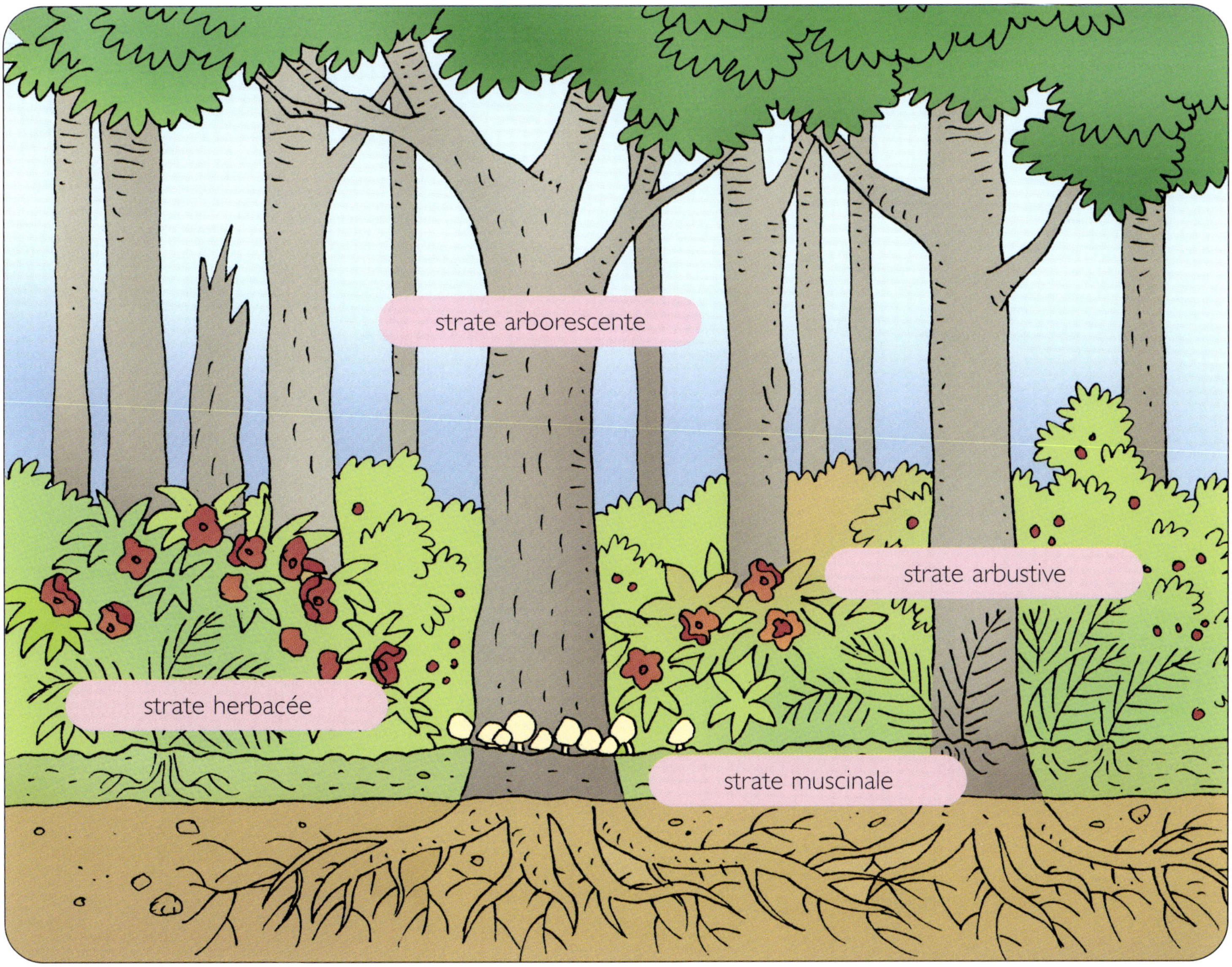

Qu'advient-il des feuilles mortes ?

Une épaisse couche de feuilles jonche le sol de la forêt. Si en automne, les arbres perdent toutes leurs feuilles, l'épaisseur de cette couche n'augmente pas pour autant. Une armée d'éboueurs vit en effet dans la couche supérieure du sol : les vers de terre (1), les cloportes (2), les mille-pattes (3, 4) et les limaces (5) sont tous des animaux qui se nourrissent de feuilles mortes. Des moisissures et des bactéries leur apportent leur aide. Chaque année, ces petits animaux microscopiques consomment ainsi des tonnes de feuilles mortes et de bois mort.

Dans la forêt

Qu'est-ce que la mousse ?

La mousse n'a pas de racines. En fait, ses tiges et ses feuilles absorbent l'eau à la manière d'une éponge. Une mousse peut boire jusqu'à dix fois son propre poids.

Qu'est-ce qu'une fougère ?

La fougère est une plante à spores, au moyen desquelles elle se multiplie. Ces spores sont contenues dans des capsules situées sur la face inférieure des feuilles.

Quelle odeur les forêts de conifères dégagent-elles ?

D'une forêt de conifères émane une odeur caractéristique de résine, une substance visqueuse présente dans le bois de ces arbres. Elle les aide à se défendre contre toutes sortes de maladies.

Quel rôle le garde forestier joue-t-il ?

Le garde forestier veille à maintenir sa forêt en parfaite santé. Il n'autorise personne à allumer un feu ou à déranger les animaux. Il fait aussi soigner les arbres malades, abat les arbres morts et en plante de nouveaux.

Qu'est-ce qu'une forêt tropicale ?

Les forêts tropicales se rencontrent uniquement dans les régions situées près de l'équateur, là où il fait chaud et humide. Elles abritent davantage d'espèces animales et végétales que le reste du monde. Comme les feuilles des immenses arbres feuillus restent toujours vertes, elles laissent pénétrer peu de lumière jusqu'au niveau du sol. On y rencontre de nombreuses plantes grimpantes, telles les lianes, qui envahissent les arbres, à la recherche de la lumière. La plus grande forêt tropicale du monde est la forêt amazonienne, située en Amérique du Sud. Elle est encore peuplée par des tribus indiennes, dont le nombre régresse chaque année, du fait de la disparition de vastes parties forestières. Ces tribus sont amenées à déménager.

Comment pousse un champignon ?

Si les champignons ne sont ni des animaux, ni des végétaux, ce sont pourtant des êtres vivants. Ils appartiennent à la même famille que les moisissures.
La gamme de leurs couleurs et de leurs formes est vaste. Les champignons les plus célèbres, comme le bolet comestible et l'amanite phalloïde, présentent un pied et un chapeau.
Si tu observes le dessous du chapeau, tu aperçois une succession de petites lamelles, contenant les spores par lesquelles les champignons se multiplient. Chez le bolet, ces spores se situent à l'intérieur de petits tubes. Les vesses-de-loup sont dépourvues de tige. Les spores, chez le scléroderme vulgaire, se trouvent à l'intérieur d'un sac rond. Quand elles sont mûres, le sac se déchire, les libérant alors. Chaque spore peut donner naissance à un champignon. Très légères, elles sont souvent transportées par le vent, quelques cas exceptés : chez le coprin, elles forment une masse noire et visqueuse qui est abandonnée sur le sol. Le phallus impudique produit aussi cette masse. Les mouches et les coléoptères, ainsi attirés par l'odeur, se chargent de la propagation des spores.

amanite phalloïde

bolet

scléroderme vulgaire

coprin

phallus impudique

Les champignons

Qu'est-ce qu'un rond de sorcière ?

Les champignons vivent dans le sol et sont constitués d'une masse de fils blancs s'appelant le mycélium. Ce qui est visible sous cette forme est en réalité un fruit, ou une fructification contenant les spores. Tu peux comparer ces champignons à des fleurs. Chez certains, le mycélium se diffuse dans tous les sens. Les nouveaux champignons apparaissant forment alors un cercle parfait. On pensait autrefois que ce cercle se formait à l'endroit où les sorcières avaient dansé.

Croissance de l'amanite

De quelles substances les champignons se nourrissent-ils ?

Les champignons et les moisissures sont de fait incapables de fabriquer leur propre nourriture. En général, ils la prélèvent sur des êtres morts. Ils poussent sur un tronc d'arbre mort, sur des feuilles mortes, sur un bout de vieux pain ou bien sur une pomme pourrie. Les champignons jouent ainsi un rôle très important pour l'environnement : ils débarrassent, en compagnie des bactéries, le monde vivant de ses déchets. Certains prélèvent aussi leur nourriture sur des êtres vivants, provoquant de nombreuses maladies. Parfois, les plantes qu'ils attaquent meurent. Les arbres, les céréales ou les autres plantes de culture peuvent devenir leurs victimes.

Le savais-tu ?

Évite de cueillir les champignons. Les connaisseurs eux-mêmes ne différencient pas toujours un champignon comestible d'un vénéneux.

Les plantes peuvent-elles te guérir ?

Les hommes firent, dans un passé lointain, une découverte très importante : certaines plantes pouvaient guérir divers maux. En cas de mal à l'estomac, une tisane de feuilles de menthe pouvait être recommandée. Si le foie fonctionnait mal, étaient prescrites des feuilles de pissenlit. C'est ainsi que les hommes ont progressivement appris à mieux connaître les plantes ainsi que leur propre corps. Certains médecins commencèrent ensuite à traiter leurs malades avec des médicaments. Pourtant, les plantes entrent toujours dans la composition de nombreuses pilules, gélules et pommades. Les scientifiques sont persuadés que de nouvelles plantes médicinales restent à découvrir, au cœur des forêts tropicales.

Les plantes utiles

Y a-t-il des arbres fruitiers dans la nature ?

Il n'existait pas encore, il y a dix mille ans, de vergers composés d'arbres fruitiers. C'est un peu partout que l'on rencontrait des pommiers, des pruniers et des cerisiers sauvages. Si leurs fruits étaient comestibles, ils n'étaient pas aussi délicieux qu'ils le sont actuellement. Les hommes, qui ont toujours utilisé leur intelligence, réussirent cependant à inventer une méthode pour cultiver des arbres fruitiers produisant de grands fruits juteux. Les ananas, les mangues et les bananes ne poussent toutefois pas dans nos régions. Ce sont des fruits tropicaux qui sont cultivés dans des régions plus chaudes, telles que l'Afrique et l'Amérique du Sud.

Pourquoi abattons-nous des arbres ?

Le tronc d'un arbre est constitué de bois, lequel est énormément utilisé dans la vie quotidienne. Il te suffit d'ouvrir les yeux. Partout autour de toi, tu découvres des objets confectionnés avec le bois : portes, fenêtres, tables, chaises, lits, armoires... De même, pour fabriquer le papier de ce livre, il a fallu en utiliser. Chaque année, des forêts sont décimées pour approvisionner l'homme en bois. C'est regrettable. En fait, il faudrait remplacer chaque arbre abattu par un nouvel arbre. La nature nous en serait tellement reconnaissante !

Pourquoi les champs de céréales sont-ils si nombreux ?

Cela fait une dizaine de milliers d'années que nos ancêtres ont commencé à semer leurs propres graminées : le blé, le seigle, l'avoine, l'orge, le maïs et le riz. Ces céréales jouent un rôle capital dans notre alimentation. Nous commençons la journée par celles du petit déjeuner. Le midi, tu manges peut-être des tartines ou des petits pains fabriqués à partir de céréales moulues. À quatre heures, tu prends une part de gâteau. Le soir, tu apprécies un excellent plat de pâtes. En fait, les agriculteurs doivent produire énormément de céréales pour que tous ces produits soient fabriqués. C'est pourquoi tu aperçois de nombreux champs de céréales à la campagne.

D'où nos légumes viennent-ils ?

Certaines plantes sont tout particulièrement cultivées afin que nous puissions manger des légumes. Nous ne consommons cependant jamais toute la plante, et nous contentons des feuilles de la salade et des épinards. Nous mangeons la tige de la rhubarbe et du poireau. Par ailleurs, nous nous nourrissons aussi de racines comme la carotte, le radis et la pomme de terre. Sais-tu que la tomate et la pomme de terre sont des plantes toxiques ? Il ne faut pourtant pas t'en inquiéter : les tubercules de la pomme de terre et les fruits de la tomate sont parfaitement comestibles.

Les plantes utiles

Ton T-shirt est-il végétal ?

Si tu es vêtu d'un T-shirt en coton, tu portes sur toi une substance naturelle. Le coton est fabriqué à partir du duvet qui enveloppe la graine du cotonnier, dont les fibres sont filées, avant d'être tissées.

Bonne ou mauvaise herbe ?

Quand un agriculteur cultive des céréales, il ne veut pas que ses cultures soient envahies de plantes sauvages les privant d'eau, de lumière et de nourriture. Ces plantes indésirables sont des mauvaises herbes.